AF322018

PIÈCE IMPORTANTE

SUR

LA RÉVOLUTION

D'ESPAGNE,

ET

NOTE DIPLOMATIQUE

ENVOYÉE A TOUS LES MINISTRES DE LA RUSSIE

AU SUJET

DES AFFAIRES DE CE ROYAUME.

NOTE DIPLOMATIQUE

ENVOYÉE

A TOUS LES MINISTRES DE LA RUSSIE

AU SUJET DES AFFAIRES D'ESPAGNE.

—

Le chevalier de Zéa de Bermudez a présenté au cabinet impérial la note ci-jointe, relative aux événemens qui viennent de se passer dans la Péninsule, et desquels nous avons été déjà informés par les dépêches de nos agens auprès des cours étrangères.

M. de Zéa, dans cette pièce, se borne à nous apprendre que la constitution promulguée par les cortès en 1812 avait été acceptée par le roi son maître, et exprime le désir de connaître de quel œil l'empereur a vu ce changement de régime. Si l'on considère la distance qui nous sépare de l'Espagne et des puissances qui sont le plus à même d'approfondir la nature des désastres dont elle est menacée, on reconnaîtra bientôt que la position du ministère impérial à l'égard du représentant de la nation espagnole était difficile et délicate.

La révolution de la Péninsule fixe l'attention des deux hémisphères : les intérêts sur lesquels elle va décider sont ceux de l'univers ; et si jamais l'empereur a désiré que les opinions de ses alliés pussent lui servir de guide pour régler la sienne, c'était certainement au moment où la note du chevalier de Zéa imposait à S. M. I. l'obligation de se prononcer sur un événement qui embrasse peut-être les destinées futures de toutes les nations civilisées. Cette obligation existe pourtant, car dans les tems présens tout sujet de doute devient une arme pour la malveillance.

La nécessité de répondre à M. de Zéa était par conséquent évidente ; mais dans cette conjoncture importante il paraissait naturel qu'avant d'asseoir un jugement, l'empereur considérât le but que les puissances alliées s'étaient proposé dans leurs rapports avec l'Espagne, qu'il consultât les vœux qu'elles avaient exprimés à cette puissance, et qu'il prît pour guides de sa propre politique les principes de la politique européenne : c'est ce que S. M. I. devait faire ; c'est ce qu'elle a fait.

Depuis 1812, plus d'un document diplomatique atteste la sollicitude généreuse que les différentes cours européennes ont constamment manifestée en faveur de l'Espagne :

elles avaient applaudi à la noble persévérance avec laquelle ce peuple intrépide avait résisté à un joug étranger ; elles avaient rendu hommage à sa sagesse lorsqu'il rallia autour du trône les plus chers intérêts de son pays, les intérêts de son indépendance. Enfin, depuis l'époque à laquelle la Providence avait rendu Ferdinand VII à son peuple, elles n'avaient jamais manqué de reconnaître que des institutions solides pouvaient seules assurer sur ses fondemens l'ancienne monarchie espagnole.

Les souverains alliés avaient fait plus : dans le cours des longues conférences relatives aux différends existans avec Rio-de-la-Plata et à la pacification des colonies, ils ont laissé suffisamment entendre que ces institutions cesseraient d'être des moyens de paix et de bonheur, si, au lieu d'être accordées (*par la bonté*) comme une concession volontaire, elles étaient adoptées par la faiblesse comme une dernière ressource *dans le naufrage*.

Examinons d'un autre côté les grands événemens qui ont fait établir l'alliance européenne.

Quel est l'objet des engagemens qui furent renouvelés le 3 (15) novembre 1818 ?

Les souverains alliés venaient de faire disparaître les dernières traces de la révolution en France ; mais cette révolution paraissait prête à produire de nouvelles calamités.

L'obligation des monarques, ainsi que leur dessein, était, par conséquent, d'empêcher que le même orage n'éclatât pour la troisième fois sur le même horizon pour ravager l'Europe.

Cependant, comme s'il n'eût pas suffi des alarmes qu'a excitées et qu'excite encore l'état de la France ; comme si les gouvernemens et les nations n'eussent pas assez d'inquiétudes sur son avenir, il fallait encore que le génie du mal choisît un nouveau theâtre, et que l'Espagne lui offrît à son tour un affreux sacrifice. La révolution a donc changé de terrain, mais les devoirs des monarques ne peuvent avoir changé de nature ; et la puissance de l'insurrection n'est ni moins formidable, ni moins dangereuse en Espagne qu'elle ne l'eût été en France. Par conséquent, d'accord avec ses alliés, S. M. I. ne peut que désirer de voir qu'il soit accordé à la Péninsule, ainsi qu'à ses provinces d'outre-mer, un régime qu'elle regarde comme le seul qui puisse autoriser encore quelque espérance dans ce siècle de calamités. Mais en vertu de ses engagemens du 3 (15 novembre 1818) S. M. devait frapper de la plus forte réprobation les mesures révolutionnaires mises en œuvre pour donner de nouvelles institutions à l'Espagne. Telle est la double idée qui se trouve développée dans la réponse ci-jointe, qu'a faite, par ordre de S. M. I., le cabinet de Russie au chevalier de Zéa. L'empereur ne doute point que ses augustes alliés n'en approuvent le contenu, et peut-être en ont-il déjà adressé de semblables à la cour de Madrid. Les mêmes vœux ont pu, en effet, leur inspirer le même langage ; et, convaincus ainsi que S. M., que jamais le crime ne porte que des fruits impurs, ils ont sans doute déploré comme elle *l'attentat qui vient de souiller les annales de l'Espagne*. Nous le répétons, cet attentat est déplorable, il l'est pour la Péninsule, il l'est pour l'Europe ; et la nation espagnole doit maintenant aux peuples des deux hémisphères l'exemple d'un acte expiatoire. Jusque-là, triste objet de leur inquiétude, elle ne pourra que leur faire redouter la contagion de ses malheurs. Cependant, au milieu de tous ces élémens de désastres, et lorsque tant de motifs se réunissent pour affliger les vrais amis du bien-être des nations, peut-on encore espérer un avenir meilleur ? Est-il quelque mesure sage et réparatrice dont l'effet soit de réconcilier l'Espagne avec elle-même, ainsi qu'avec les autres puissances de l'Europe?

Nous n'osons point l'affirmer; car l'expérience nous a appris à regarder presque toujours comme une illusion l'espoir d'un événement heureux. Mais si nous pouvions nous fier aux calculs que l'intérêt personnel paraîtrait indiquer; s'il nous était permis de présumer que les cortès consulteront l'intérêt de leur propre conservation, on pourrait croire qu'ils se hâteront d'extirper, par une mesure solennelle, tout ce qu'il y a de coupable dans les circonstances qui ont accompagné le changement d'administration en Espagne. En ceci, les intérêts des cortès sont identifiés avec les intérêts de l'Europe. La soldatesque égarée qui les a protégés peut demain les attaquer; et leur premier devoir envers leur monarque, envers leur pays, et envers eux-mêmes, paraît être de prouver qu'ils ne consentiront jamais à légaliser l'insurrection. C'est là un espoir qui ne paraîtrait pas sans quelque fondement. Cependant l'empereur est loin de le nourrir; et s'il admettait la possibilité d'un résultat aussi utile, il le ferait dépendre de l'unanimité qui peut se manifester dans l'opinion des principales puissances de l'Europe sur l'acte par lequel les représentans du peuple espagnol dé-

vraient signaler l'ouverture de leur délibéra-
tion. Cette unanimité, toujours si puissante
lorsqu'elle prend le caractère d'un acte irré-
vocable, porterait peut-être la conviction dans
l'esprit des membres les plus influens du con-
seil de S. M. catholique; et il paraît que les
cours alliées auraient un moyen facile d'im-
primer à leur langage cette imposante unifor-
mité.

Leurs ministres en France, ont jusqu'ici
traité en leur nom avec un plénipotentiaire de
la cour de Madrid: ne pourraient-ils pas en ce
moment lui présenter en commun des observations dont le résumé va suivre, et qui rap-
pelleraient au gouvernement espagnol la conduite, ainsi que les principes politiques des
monarques alliés?

« Les monarques, diraient les cinq ministres, n'ont jamais cessé de faire des vœux
pour la prospérité de l'Espagne, ils continue-
ront toujours d'en faire. Ils ont désiré qu'en
Europe comme en Amérique, des institutions
conformes aux progrès de la civilisation et au
besoin du siècle, pussent procurer à tous les
Espagnols de longues années de paix et de
bonheur. Ils sont pénétrés en ce moment du
même désir. Ils ont souhaité que toutes ces
institutions devinssent un bien réel *par la ma-*

nière légale avec laquelle elles auraient été présentées ; ils ont le même désir en ce moment.

» Cette dernière considération fera deviner aux ministres de S. M. C. avec quels sentimens de peine et d'affliction les monarques ont appris les événemens du 8 mars et ceux qui les ont précédés. Suivant leur opinion, le salut de l'Espagne, ainsi que le bien-être de l'Europe, demande que ce crime soit désavoué, que la tache soit effacée, et ce scandale détruit à jamais. L'honneur d'une pareille réparation semble appartenir aux cortès : qu'ils déplorent donc, et qu'ils réprouvent de la manière la plus forte les moyens qui ont été employés pour établir un nouveau mode de gouvernement dans leur pays ; et qu'en consolidant une administration sagement constitutionnelle, ils adoptent les lois les plus rigoureuses contre la sédition et la révolte.

» Alors, *et seulement alors*, les cabinets alliés seront en état d'entretenir des relations amicales avec l'Espagne. »

Ces observations, présentées avec force et unanimité par les représentans des cinq cours, feraient connaître au ministère espagnol la conduite que les gouvernemens alliés observeraient au cas que les conséquences du 8 mars perpétuassent en Espagne le trouble et l'anarchie. Si ces conseils salutaires sont écoutés, si les cortès offrent à leur roi, au nom de la nation, un gage de leur obéissance, s'ils réussissent à établir sur des bases durables la tranquillité de l'Espagne et la paix dans l'Amérique du sud, la révolution aura été vaincue au moment même qu'elle croyait avoir obtenu un nouveau succès.

Si, au contraire, des alarmes, peut-être trop raisonnables, se réalisent, les cinq cours auront de même rempli un devoir sacré ; enfin une occasion nouvelle aura développé les principes, indiqué l'objet et déployé les vues de l'alliance européenne.

L'empereur attend les réponses des cours de Vienne, de Londres, de Berlin et de Paris, aux communications que ses ministres leur ont adressées à ce sujet. Il fait connaître à ces cours la présente note qu'il a envoyée à tous ses ministres, sur les affaires d'Espagne.

DE L'IMPRIMERIE DE PILLET AÎNÉ, RUE CHRISTINE, N. 5.